Le calicot des insurgés

Makaiboo Ousmane Somah

-3-

Recueil de poèmes

Tome I

Satz: Movin-Verlag · Meller Str. 2 · 33613 Bielefeld, 2016
Herstellung und Verlag: BoD – Books on Demand, Norderstedt.

ISBN 9-78384481-258-9

Table des matières

Note de l'auteur

Chaque peuple a sa manière d'écrire son histoire et de trouver sa voie vers le bonheur. La plupart des peuples africains sont encore prisonniers de présidents-dictateurs-fondateurs, chefs de parti unique, disposant de leurs citoyens et des ressources du pays comme ils l'entendent. Du pouvoir à vie, en passant par des détournements de fonds et des emprisonnements arbitraires, de nombreux présidents africains méprisent la démocratie. Ce recueil de poèmes désire s'inscrire dans la dynamique de la sensibilisation et de la réflexion sur le jeu démocratique, dont les règles élémentaires restent parfois méconnues des populations à la base. C'est pourquoi, ces poèmes sont écrits dans un langage assez simple pour une compréhension et une interprétation rapide. Même si dans le domaine littéraire, l'interprétation reste encore difficile et reste figée dans des encodages classiques: code herméneutique, code adamique, code culturel... Le Calicot d'insurgés reste avant tout une œuvre pour une prise de conscience réelle de la jeunesse sur son devenir en particulier et celui de la nation en général. A travers le terme «nation », la réflexion veut se mener au-delà du local pour toucher le global, qui embrasse le continent africain. Les poèmes ne se veulent pas des vérités absolues, mais des bases de discussions au sein de différents groupes socioprofessionnels.

Le rouleur

S'il a pu tuer son meilleur ami,
C'est qu'il n'aura point pitié des
Inconnus et des trouble-fêtes
S'il a pu expédier ses frères
D'armes ad patres via un trou d'un mètre de profondeur,
C'est qu'il aura toujours envie de tuer et
De boire le sang des autres,
S'il a pu rouler Kadhafi dans
La farine et enseigner la roublardise
A Laurent Gbagbo et le rouler
Dans la farine et le faire drainer à la CPI*
C'est qu'il croit en lui et en ses hommes
De main commis aux sales besognes
S'il a pu passer une fois, deux fois …
Il comptera le faire toujours au mépris des règles,
S'il a pu faire taire d'éminentes personnalités
Il ne s'arrêtera pas en si bon chemin
S'il a pu garder le trésor de tout le pays
Dans son compte personnel et familial
Il pensera que tous les temps sont
Propices à la roublardise et au pouvoir
A vie, cette fois-ci, il vient de toucher
A la Dignité du peuple
Et si le peuple ne réagit pas ou ne se plaint pas
Il devrait s'en prendre à lui-même
Et devrait bannir le slogan du fils digne de
Sa bouche qui est: la patrie ou la mort, Nous vaincrons.

D'après Makaiboo Ousmane Somah
*CPI : Cour Pénale Internationale

Le traître

Il a trahi et il trahira encore,
Le singe ne change jamais sa manière de s'asseoir,
Tout comme Judas ne changera jamais sa manière de trahir
Il a trahi une fois et il trahira encore et encore,
Il a vendu Jésus et il le revendra encore si la scène devait se reproduire,
Il osera vendre père et mère pour son moi, son prestige égoïste,
Il n'acceptera rien et rien d'autre,
Trahir est sa nature, son essence, son genre,
Il est invariable, indéclinable et traître,
Il aime le dernier qualificatif TRAÎTRE,
Traître, il est TRAÎTRE, il mourra traître,
Ne demandez jamais à une mangue de devenir papaye
Ou à une papaye de devenir mangue, ceci est impossible,
Son mouvement est devenu Le Rassemblement des Démons Amnésiques,
Des monstres aux dents traitresses et aux yeux convoitant la moindre
Friandise politique sur le trottoir, qu'il aime dévorer en
Compagnie de l'Association des Démons Fêlés,
Il ronge les espoirs du peuple,
La soif du peuple pour le changement n'est pas son affaire,
Même sur un cadavre, il fera son deal, il marchandera,
Il mange partout et serait prêt à vendre Dieu lui-même pour assouvir ses
Sales besognes, ses bassesses, son égoïsme,
Il vendrait tout un pays pour une pièce d'or,
Il vendrait sa natte et pour le soir, dormirait à même le sol,
Il ne sait pas que demain est un autre jour,
Il préfère manger son espoir aujourd'hui et faire
Sa diarrhée demain,
Il préfère des pépites aux propositions constructives,
Il préfère des postes à l'alternance,
Il aime sa bourse plus que sa population,
Son mouvement ressemble à une secte d'hommes et de femmes
Avides de postes et de poches,
Judas a trahi et trahira toujours, tout comme le chien
Il ne changera jamais sa manière de s'asseoir,
Attendons de voir et ne nous laissons pas surprendre,
Judas donnera le pays pour cent pièces d'or.

D'après Makaiboo Ousmane Somah

L'Usurpateur

Comme un ange, tu t'es lancé
Dans un combat noble du côté de la
Masse bâillonnée et prise en otage,
Du néant, tu es sorti comme un
Sauveur, comme César sur son
Cheval blanc admirant les masses
Venues l'acclamer et confirmer
Son pouvoir et sa gloire et les faire ancrer
Dans la conscience collective,
Personne ne s'est intéressé à ton
Passé de commis convoyeur
De denrées prohibées et louches,
Tu étais le boy du Satan d'aujourd'hui,
Lorsque le peuple t'a donné sa confiance
Et t'a hissé plus haut que tu n'eusses
Rêvé, tu commenças à montrer ton
Ondoyance à travers des discours
Plus contradictoires les uns que les autres
Avant-hier tu disais non, hier oui et
Aujourd'hui non, tu as crié plus et
Ta voix a donné ce jour-là plus
Que le pet d'un âne sans pudeur,
Tu as fini par construire ton ascension sur
Les cadavres de ceux-là, jadis appelés
Martyrs, tu as su laver le cerveau collectif
Pour assouvir tes sales besognes en
Utilisant la masse laborieuse pour te hisser plus
Haut et plus haut encore en violant
Brutalement et sauvagement les règles
Primaires de l'ascension et de la morale,
Qui jadis agonisait,
Par ton geste, la mort à jamais,
Mais sache que même le blanchissement
Des fonds frauduleusement acquis ne
Te rendront jamais propre, mais bien au
Contraire, il renforcera la matraque de
L'histoire pour te battre le moment venu
Plus haut l'ascension, aussi fracassante
La chute et le déshonneur.

D'après Makaiboo Ousmane Somah

Les caméléons d'un genre nouveau

La forêt avait cessé de fleurir et de reverdir,
Le vent avait senti le piège et le relâchement
Des relations du côté de la forêt et avait vachement
Peur de lui demander les raisons de son non-reverdissement
Et aussi la raison de son dépeuplement,
Waraba, le lion avait cessé de rugir,
Et Sama, l'éléphant de barrir,
Kotokoli, l'oiseau avait arrêté de chanter,
La forêt avait arrêté de vivre,
Le vent avait essayé en vain de s'adresser
A sœur forêt, qui maigrissait de jour en jour,
De semaine en semaine et de mois en mois,
La nature forestière souffrait terriblement,
D'un mal méconnu, d'un mal sauvage,
Elle était infectée par une race de caméléons
Terribles, une race mutante éconduite par la panse,
A cause d'elle, l'intégrité et la cohésion sociale avaient
Quitté la forêt, car les caméléons du genre nouveau,
Avaient réellement infecté la source de la vie,
Comme une malédiction, les habitants de la forêt
Etaient partis, même le vent s'était retiré,
Les caméléons pourrissaient la vie commune,
Ils se muaient plus vite que les caméléons ordinaires,
Qui s'étaient distancés d'eux,
Ils étaient le mal de la forêt, le mal de tous,
Ils changent de couleurs et d'arbres à tout instant
Que faire pour maintenir la cohésion de la forêt?
Que faut-il faire pour que le vent et la forêt se réconcilient?
Que faire pour que le lion rugisse à nouveau?
Que faire pour le retour à la normale?
Les choses vont de mal en pis.

D'après Makaiboo Ousmane Somah

Le vieux chef et le village

Le vent avait pris une autre tournure, la tourterelle ne chantait plus,
De peur de se faire abattre par les hommes du chef embusqués, en plus
Le Baobab du village avait perdu toutes ses feuilles, depuis que le
Vieux chef avait jeté un pavé dans la mare des discussions et des disputes villageoises,
Le vieux chef croyait bien réécrire l'histoire du village en se positionnant en homme fort,
En homme indispensable, sans lequel le village avait fort tort,
La disparition de la tourterelle du village était un signe fort du manque de cohésion
Dans le village, les moutons avaient refusé de se faire appeler
Moutons et ne suivaient plus les injonctions
D'un chef fatigué et fou, fou de vouloir réécrire l'histoire de générations
Entières, de tout un village, dont les villageois ont encore en mémoire les conditions
De sa prise de pouvoir, de son vouloir entêté à mettre en péril la cohésion sociale,
Clef authentique de la vie en société et en famille,
Le vieux chef avait fait manger la tourterelle qui avait osé roucouler plus fort
Que lui, chef, ne l'avait ordonné; toutes les têtes fortes du village avaient tort
Et devaient tomber de facto, car les hommes de main de l'homme fort
Y veillaient au prix de leur vie, le chef avait fait creuser la montagne sacrée
Et avait fait distribuer l'or des ancêtres à ses hommes,
Qu'ils avaient fait venir d'ailleurs, des hommes aguerris dans l'art de la torture,
Dans l'art de la tuerie, de la délation, du mensonge et de la roublardise,
Des colosses qui avaient passé tout leur temps ailleurs à tuer et torturer,
Le vieux chef est fort dans les coups bas et tordus,
Il paraîtrait que son meilleur ami aurait fait les frais de sa cupidité,
Le griot du village a du céder sa place à un autre griot plus fort,
Avec une voix plus forte et un tube digestif plus long et profond,
Le village, où la parole était sacrée et une fois donnée, elle restait
Eternelle et immuable et conférait aux villageois un comportement langagier
Intègre, se vit remplir de caméléons d'un genre nouveau, prompts à
Changer de couleur à la seconde près, leur apparition a fait fuir les caméléons
Ordinaires, qui ne se reconnaissent pas dans le lot du genre nouveau apparu
Et dangereux. Ils ont migré vers d'autres cieux, dans d'autres villages,
Les moutons qui refusent de suivre bêtement, comme de par le passé, sont
Taxés de manipulés, de vendus, de voyous, de poltrons…
A quand le retour de la tourterelle et des caméléons authentiques au village?
A quand le retour du griot de naissance et la disparition des griots de circonstances?
A quand le retour de l'intégrité dans le village?
A quand le retour de la raison chez le chef?

D'après Makaiboo Ousmane Somah

HAMA ARBA DIALLO n'est pas mort

Arba, tu sais quoi? Tu n'es pas mort,
Tu vis en moi, en lui et en nous,
Tu es là dans la Commune de Dori, à la Mairie, dans le Séno
Tu es là à l'hémicycle, regard rivé sur tes adversaires politiques
Tel le lion à l'affût de la moindre controverse politique,
Barbichette tendue comme le marteau de Thor,
Tu n'hésitais point à mettre à l'heure
Les pendules de tes adversaires politiques parfois mal réglées,
Tu vis à Ouagadougou, à Bobo-Dioulasso, à Ouahigouya, à Banfora...
Tu vis dans les OSC* et autres mouvements responsables,
Tu vis dans les débats politiques, tu vis dans les assemblées africaines,
Tu vis dans autant de mouvements engagés pour l'alternance,
La Démocratie, contre la patrimonialisation du pouvoir,
L'article 37 était comme ton unique fils politique que
Tu n'as jamais aimé, en bon père d'ailleurs, jamais donné
Aux loups et aux chacals politiques,
Aux vampires politiques, aux politicards, aux froussards,
Pour qu'ils le tuent, le violent et l'assassinent pour ensuite
Vouloir mettre après sur pied une commission indépendante
Qui n'aboutira à rien de concret comme dans la mort de Norbert
Et tu as eu raison, tu as eu parfaitement raison et c'est
Bien pour cette même conviction, qui t'a amené à tout donner
À Dori, au Burkina Faso. Même tes adversaires politiques
Reconnaissent en toi cette valeur humaine basée sur l'amour de
Soi, des siens, du Natal, de la Patrie et de l'Universel,
Amour qui malheureusement en politique est sodomisé, violé par
Beaucoup qui ressemblent plus à des panses posées sur deux pieds
Contrairement à eux, toi, tu étais une pensée posée sur deux pieds
Altruiste, tu l'étais, convaincu, tu le fus, persévérant, tu l'as été,
La jeunesse te pleure, la jeunesse consciente te pleurera,
Si tu pouvais seulement voir actuellement combien de comptes
Facebook portent et porteront ta photo comme celle de profil,

Mêmes tes adversaires politiques n'ont pas manqué d'usurper ta photo
Comme celle de leur profil. Est-ce par compassion, conviction ou par hypocrisie?
Seul Dieu seul sait,
Ton carton rouge contre la „monocratie", contre la „démocrature" restera
Gravé dans l'histoire politique du Burkina Faso comme le jour est gravé
Dans la semaine, comme une vérité indélébile,
Ce geste fort et osé, sera, sois sûr, une valeur
Ajoutée à la politique du Faso, qui ressemble un bazar,
Qui a besoin de quelqu'un pour la moralisation et pour l'arbitrage,
Adieu l'Artiste Politique, Adieu Papa Arba, Adieu Homme de Parole,
Adieu fils du Liptako, Adieu l'Homme donneur de Carton rouge,
Repose en paix, mais assiste de là où tu seras, à la victoire
De l'Alternance sur la dictature, de la victoire de la démocratie
Sur le pouvoir à vie, à la victoire du peuple contre le Référendum,
Tu nous manqueras énormément
La jeunesse consciente a fait Serment d'aboutir à l'alternance
Pour le repos définitif de ton âme.

D'après Makaiboo Ousmane Somah
*OSC : Organisation de la Société Civile

Le vieux président et ses opposants

Dialoguez, perdez votre temps:
C'est le référendum qui manque le moins.
Un vieux président, sentant la fin prochaine de son mandat,
Fit venir ses opposants, leur parla sans témoins.
„Gardez-vous, leur dit-il, de me faire partir en 2015
Sans moi la paix n'existera plus:
Maintenez-moi au pouvoir car je suis un trésor.
Je sais qui je suis; un peu de patience
Je vous ferai émerger: nous en viendrons à bout.
Dialoguez avec votre camp pendant
Que je cherche les moyens pour vous roulez dans la farine :
Attendez, Dormez, patientez; laissez la place
Au référendum et au Sénat,
Le vieux président parti, les opposants restent sur le champ,
Deçà, delà, partout, le dialogue semble être bloqué...
Si bien qu'au fil du temps
Ils n'en rapportèrent rien.
De sincérité, point de cachée. Mais le vieux président ne fut pas sage
De leur montrer avant 2015
Qu'il voulait les rouler dans la farine.

D'après Makaiboo Ousmane Somah

L'héritage empoisonné

Quel Burkina Faso veux-tu
Nous laisser en héritage?
Un Burkina Faso des clans?
Un Burkina Faso sans élan?
Ou encore un Burkina Faso des assassinats sans assassins?
Quel Burkina Faso veux-tu nous laisser en héritage?
Un Burkina Faso du moindre effort?
Un pays, où le pauvre a tort?
Un Burkina Faso sans égalité de chances?
Un pays, où la morale agonise?
Quel Burkina Faso veux-tu nous laisser?
Un pays, qui ne doit pas survivre à toi?
Un pays, où ceux qui travaillent le plus
Sont ceux-là qui gagnent le moins?
Un pays, où les médailles se partagent
Selon l'appartenance politique
Et non selon le mérite?
Quel Burkina Faso te plaira-il bien de nous laisser?
Un pays avec des Touaregs dans la garde
Prétorienne, car tu n'as pas confiance
En tes propres hommes qui t'ont servi
Deux décennies durant?
Un pays, dans lequel tout handicap physique
Vous rend non rentables et obsolètes?
Quel pays veux-tu bien nous laisser?
Un pays, où on fabrique des marionnettes politiques?
Un pays, où tout développement sans toi
Ne serait pas possible?
Un pays, où l'égoïsme est cité parmi les
Bonnes mœurs politiques et revendu sur
Le marché par tes sbires?
Quel pays te plaira-t-il bien de nous laisser?
Dieu vivant sur la terre Burkinabè

Toi, dont le règne est chanté par tes partisans.
Toi, dont le seul nom dans les guerres
Suffit pour amener les pires ennemis
A la table des négociations
Toi, dont le règne est plus
Précieux que le pétrole
Tes alliés politiques t'ont déifié dans le
Mensonge, le plus sordide
Quel pays veux-tu enfin nous laisser?
Un pays où le riche mange du pauvre?

D'après Makaiboo Ousmane Somah

Les signes du temps

Tête de mort, vent sifflotant, glissement de terrain,
Le signal semblait être donné aux hommes dignes,
Qui savaient lire dans les signes du temps,
Le corbeau avait coassé en traversant le village,
Les tourterelles avaient pris le large
Et l'hippopotame s'était lassé de la berge,
Le Temps signalait sa fin, la fin d'un homme fort,
Le coucher d'un soleil qui avait brillé plus de trente ans,
Un soleil qui avait fait plein de victimes, des veuves et des orphelins,
Un soleil de mort, un soleil morbide,
Pourquoi tant d'hommes forts ont-ils semé
Autant de désolations et de morts
Au sein de leurs propres peuples? Etre fort est-il
Synonyme de mort et de désolation?
Le temps corrode tout,
Seuls les gens ayant des oreilles fortes peuvent
percevoir les signes du temps, qui parfois
Echappent aux hommes dits forts,
La force dans le mensonge et le dilatoire sont
En réalité des faiblesses qui rattrapent,
De l'Afrique du Sud à celle du Nord
En passant par celle de l'Ouest et se dirigeant
Vers celle de l'Est, le Temps, tel
Un drap avait enveloppé tout, même la force
Des hommes dits forts.
Les signes du temps se laissent lire à travers
Les grognes, les marches, des signes forts
Que le charlatan du village n'avait pas prévu et vu
Les signes du temps annoncent la fin des êtres et des
Choses et annoncent en même temps la naissance de
Nouvelles choses, de nouvelles vies, de nouveaux règnes.
Le Temps et ses signes ont toujours raison et nous mettent
Toujours devant les faits accomplis. Le Temps aime
Les menteurs, qu'il finit toujours par punir.

D'après Makaiboo Ousmane Somah

L'homme fort

Qu'il est fort cet homme,
Fort comme le corbeau qui s'échappe
Au moindre bruit de pas,
Fort comme celui-là
Qui attend à l'aéroport, un pied dans l'avion
Pour fuir au cas où, l'assassinat de son ami
Echouerait ou avorterait,
Qu'il est fort cet homme, qui au moindre coup de canon,
Laisse son palais pour se réfugier ailleurs,
Cet homme est fort et très toxique et assassine tous ceux qui osent
Le contredire. Sa force est dans les armes et moins
Dans la parole. Ses Paroles changent
Comme la peau du caméléon face à un prédateur,
Qu'il est fort ce monsieur
Le feu et les balles constituent sa force,
Malicieux il est, têtu, il est aussi.
Sa force le perdra et ses paroles l'enverront paitre
En enfer avec Satan, qui lui aime les hommes forts.
L'homme fabrique des journalistes faiblement forts, des ventres
Posés sur deux pieds, oui des ventres plus que des consciences
Qu'il est fort cet homme,
Avec sa force, il fabrique des opposants fortement fantoches,
Des étudiants fortement mendiants, des femmes fortement félonnes,
Des Tontons fortement perdus et des élèves fortement ânes
Homme fort, quand bâtiras tu des institutions fortes pour un pays fort
Avec des travailleurs forts n'aspirant pas à vivre forcément dans
Des forteresses avec des serviteurs forcés de les servir?
Homme fort à quand la fin de ta force nuisible
Et la renaissance d'une force positive profitable à tous?
Homme fort, seras-tu toujours fort pour terrasser tout le monde?
Même le lion perd entretemps de son mordant...
Un homme fort est celui qui a des oreilles fortes pour entendre.

D'après Makaiboo Ousmane Somah

Le loup et le Peuple

La Constitution n'avait que les os et la peau en son article 37;
Tant les loups avant fini de la vider de sa substance,
Ces loups promettaient au peuple, des miracles qu'ils n'ont
Pas pu réaliser après trois décennies d'exercice du pouvoir,
Gras, impolis et malicieux, ils se moquent
Du peuple et de sa misère,
Ils l'attaquent de façon subtile et décident
Même de le mettre en quartiers,
Les Loups sont en train de le faire volontiers
En opposant chefs traditionnels et populations, commerçants et clients,
Mais il fallait livrer bataille, le peuple conscient décida de s'organiser
L'adversaire était de taille et utilisait les moyens de l'état contre l'état
Pour se défendre hardiment.
Les loups n'hésitèrent donc pas à démarrer illégalement les hostilités,
Et à faire monter les enchères,
L'incertitude s'installa dans les cœurs,
Un combat s'engagea entre les gras et les maigrichons,
Qui l'emportera, ce combat de dupes, ce combat truqué ?
Être aussi gras que les loups, le ventre empêchait
De faire des mouvements bien coordonnés.
Quittez les voies de la contestation et accompagnez
Notre programme, disent les loups,
Vous ferez bien, sinon
Vos pareils y seront misérables,
Cancres, haires, et pauvres diables,
Dont la condition est de mourir de faim et d'aigreur.
Le chef des loups lança ceci à l'endroit de ses détracteurs:
Nous avons choisi de donner la liberté à tous.
Mais surtout, la liberté de faire le choix parce que
NOUS SOMMES MAJORITAIRES DANS CE PAYS.
ET CETTE MAJORITE VA IMPOSER SES CHOIX qui vont
Nous conduire sur le respect de ses engagements
Partagés par la majorité

Car quoi? Rien d'assuré, point de franche lippée.
Tout à la pointe de l'épée.
Suivez-moi; vous aurez un bien meilleur destin.
Le peuple reprit: Que me faudra-t-il faire?
Presque rien, dit le chef des loups à ses sbires:
Donner la chasse aux contestataires
Anti-référendum et anti-sénat et anti-modification de
La constitution, anti-loups, anti-progrès.
Flattez-les, soudoyez-les, et donnez
Des prêts sans garantie aux commerçants
Moyennant notre quiétude et notre tranquillité
La force sera de notre côté
Donnez-leur s'il le faut des os de poulets, os de pigeons,
Sans parler de maintes caresses.
Les loups déjà se forgent une félicité
Qui fera pleurer plus tard le peuple de douleurs
Chemin faisant ils virent une partie du peuple suivre sans réagir.
En Messie, le chef des loups se vit investir d'une mission divine,
Une mission de bâtisseur et de créateur de nation,
Mais les catastrophes n'arrivent jamais seules et
Le peuple en sait long.
Arrêtez-vous dit le peuple: vous êtes entrain de falsifier l'histoire,
L'histoire de tout un peuple, de toute une Nation,
L'histoire d'un pays qui ne se veut pas royaume,
Il importe si bien, que de tous vos repas
Je ne veux en aucune sorte, je veux la démocratie, la vraie
Qui de loin dépasse tous les trésors du monde.

D'après Makaiboo Ousmane Somah

Le président et son troupeau

Quoi ? Toujours il me manquera ce pouvoir à vie
Qui de ce peuple imbécile ose me contester
Moi, Président et super médiateur!
J'aimerai bien les compter ces contestataires:
Ils étaient avant plus de mille électeurs moutons,
Et m'ont laissé ravir les élections aux opposants teigneux;
Mais, aujourd'hui, ils sont de plus en plus nombreux comme contestataires,
Peuple mouton, autrefois mouton, qui par la ville et la campagne
Me suivait pour un peu de pain
Et qui m'aurait suivi jusque au bout de mes escapades et humeur.
Hélas ! De mon palais, j'entendais les contestations
Il me sentait venir de mille pas à la ronde.
Ah le pauvre le peuple mouton!
Quand le Président a eu cette idée funèbre appelée SENAT,
Le Peuple se leva comme un seul homme, pour manifester sa désapprobation.
Le Président défia tout le troupeau,
Les chefs, la multitude, et jusqu'au moindre agneau,
Les conjurant de tenir ferme pour que son projet de SENAT passe:
Cela seul ne suffirait pas pour écarter les contestataires de plus en plus nombreux
Foi de peuple d'honneur, ils lui promirent de tout faire pour le voir quitter le pouvoir
Le Peuple prit l'engagement de ne pas bouger non plus
Je veux, dit-il, étouffer le tripatouilleur
Qui nous a pris pour un peuple mouton ?
Le Président et sa suite furent étonnés du réveil soudain du Peuple jadis appelé MOUTON,
Le Peuple révolté guettait toute opportunité pour barrer
La voie à la dictature régnante depuis plus deux décennies,
Un Président trouva une autre manigance appelée RÉFÉRENDUM
Tout le Peuple refusa de suivre: Le RÉFÉRENDUM est un LEURRE.
Le Peuple décida de tenir tête aux méchants soldats du Président,
Qui promettent de faire rage;
Et aucun danger n'effraie un peuple révolté, consterné et berné depuis des lustres:
Le départ est donné pour une contestation de longue haleine.

D'après Makaiboo Ousmane Somah

Le vieux Président

Le vieux président et le peuple autrefois traité de «mouton»
La raison du plus fort est toujours la meilleure:
Nous l'allons montrer tout à l'heure.
Un peuple paisible au centre de l'Afrique de l'ouest, espérait
Un avenir aux ondes pures.
Un Président boulimique survient brusquement et
Qui cherchait modification de la constitution,
Et que la longévité au pouvoir le tentait.
Qui te rend si hardi de troubler mon idée malicieuse?
Dit ce président plein de rage au Peuple:
Tu seras châtié d'un référendum.
- Excellence, répond le peuple, que votre Eminence
Ne se mette pas en colère ;
Mais plutôt qu'elle considère
Que je refuse une modification de la constitution
Après près de trente ans de pouvoir,
Plus de marches de protestations dans le pays pour stopper cette folie,
Et que par conséquent, en aucune façon,
Je ne cèderai.
Tu cèderas, reprit le cruel président,
Et je sais que le référendum passera pour que je puisse achever mes chantiers,
Comment le feras-tu, si je ne le veux pas ?
Reprit le peuple, je suis plus que décidé,
Si je ne suis pas élu, mon frère le sera.
Car vous ne m'épargnez guère,
Vous, vos marches, et vos protestations.
On me l'a dit: il faut que je me prépare
Et que je libère mon génie.
Là-dessus, au fond de mon palais
A ces mots,
Le peuple se révolte et le chasse.

D'après Makaiboo Ousmane Somah

Le Président obsédé et le peuple révolté

Un président obsédé, dans un palais accroché,
Tenait en ses mains la constitution de son pays.
Le peuple révolté par la durée du président au pouvoir
Et sa velléité avérée à modifier
La constitution et mourir au pouvoir,
Lui tint à peu près ce langage:
„Bonjour, Excellence, arrêtez de vouloir modifier la constitution et partez en paix.
Vous vous sauverez par ce geste et sauverez l'avenir du pays!
Sans mentir, nous sommes fatigués de vous, de votre suite et
De votre velléité à plus nous nuire qu'à nous faire du bien,
Sinon, Vous répondrez un jour de vos actes devant le peuple."
A ces mots le président pris peur ;
Et pour montrer sa bonne foi,
Il ouvre ses larges mains pour laisser tomber un référendum,
Le peuple révolté refuse et dit : „Mon bon Président,
Apprenez à quitter le pouvoir à temps après de longues décennies de règne,
Car cela entraîne une mort démocratique
Et entraîne le désordre dans le pays en compromettant tous les efforts de développement:
Cette maxime vaut bien un refus de modification de l'article 37, sans doute. „
Le Président, honteux et confus,
Fut balayé par une insurrection populaire monstre.

D'après Makaiboo Ousmane Somah

Dialogues interreligieux

Jésus: Mohamed, joyeux anniversaire... que Dieu nous garde!

Mohamed: Amina mon frère, Amina... Joyeux anniversaire!

Jésus: Amen. Enfin un anniversaire, le même jour que toi?!

Mohamed: C'est une grâce d'Allah...

Jésus: Du père, tu veux dire?

Mohamed: Ne recommence pas, Jésus, Allah et le Père sont synonymes, tu es l'aîné et tu dois le savoir. Pourquoi veux-tu tout compliquer?

Jésus: Je ne sais plus. Le vieux père se donne tellement de titres qu'on ne sait plus comme l'appeler. Bon, on va dans quel maquis ce soir pour fêter nos anniversaires?!

Mohamed: Astafroulaye... Haram !! Moi, dans un maquis, c'est dangereux, tu veux que mes fidèles me bannissent à jamais ou bien? Non hein, je vais faire un peu de thé dans le sable sous le dattier là-bas avec un peu de côtelette d'agneau, tu viens?

Jésus: Mohamed, arrête ça, la fête, c'est tous les jours, la vie est courte... Nous deux, on a pris la vie trop au sérieux et regarde comment nos fidèles sont devenus. Guerre par ci, guerre par là…

Mohamed: Tu as raison, ils s'entretuent et exploitent mal ce qu'on a enseigné. Ils s'assassinent, se tuent, ils s'autodétruisent.

Jésus: Alors que nous avions bien dit: TU NE TUERAS POINT…

Mohamed: Ces gars là en dessous font notre Honte... Le jour, où ils comprendront, ils vivront heureux, mais pour l'heure, c'est mauvais...

Jésus: Mo, laisse ça et installe le thé, je vais chercher Bouddah, le Dalai Lama, Martin Luther...pour le thé. Si ça ne te dérange pas je vais me prendre un petit vin... En espérant que le prêtre ne saoulera pas la gueule avant la messe de ce soir...

Mohamed: Hum... bon, tu es l'aîné, tu sais bien que moi...

D'après Makaiboo Ousmane Somah

Le moustique de Ouagadougou

Il est impoli et insolent
Comme le dernier gouvernement de Tiao,
Tenace et morbide comme le RSP*,
Rusé et doubleur comme Zida,
Comploteur comme l'ex-majorité,
Le moustique de Ouagadougou aime
Détourner des vies pour le compte
De la mort et des ténèbres,
Il aime mettre en accusation la vie
D'innocents et de coupables,
Il pique tout et transmet le palu à tous
De l'exécutif au législatif en passant
Par le judicaire et le 4ème pouvoir,
Le moustique de Ouagadougou aime
Tout le monde et s'attache les services
De tous, qu'il envoie à l'hôpital,
De Yalgado* aux différents CSPS*, tout
Le monde te connaît et te déteste
Même le Président du Faso qui aime tout
Le monde, te déteste, car ton action
Morbide met ou peut mettre la transition en
Danger et fait monter la fièvre au
Sein du RSP et dans les autres
Compartiments de l'armée
Moustique de malheur, tu es plus fort
Que la sécurité du président. Veux-tu
Les remplacer? Tu te faufiles entre les
Soldats pour aller piquer le président
Et les ministres. Les députés te craignent
Et les bébés pleurent à cause de toi.
Tu prospéreras, car dans les quartiers,
Tes nids sont là et
Personne ne s'en occupe.
A toi seul, tu peux faire un coup d'état,
Mais pardon ne t'associe pas aux RSP et
À l'ex-majorité!

D'après Makaiboo Ousmane Somah
* RSP: Régiment de Sécurité Présidentiel
* CSPS: Centre de Santé et de Promotion Social.
* Yalgado : Centre Hospitalier Universitaire Yalgado Ouédraogo de Ouagadougou (CHUYO)

Le salaire

Comme un bon air, tu fais espérer
Le travailleur, le fonctionnaire, le soldat,
La famille nucléaire et élargie,
Tu sèmes la joie dans les cœurs endurcis et
Meurtris par plusieurs jours de travail, de dure
Labeur, de dure besogne, tu es comme le père
Noel, quand tu arrives,
La joie s'installe dans la famille,
Tout le monde rit, papa est heureux,
Maman est heureuse, la famille au village est heureuse,
Ta venue est source de projets, de retrouvailles,
Maman fait de bons repas, papa rentre tôt avec un rire large aux lèvres,
Tant que tu es là sous forme liquide, la vie en famille est rose,
A partir du cinq du mois, tu quittes la maison, la famille, le village comme
Un voleur, comme un filou, comme un escroc, comme un prestidigitateur,
En emportant ta joie et ton luxe avec toi
Et en installant un sale air,
La tristesse se lit sur le visage de maman,
Papa s'énerve à la moindre question liée à l'argent,
Ses retards sont fréquents et ses sauts d'humeurs récurrents,
Tu sembles être un complice de l'employeur,
Qui te dose comme il veut pour le bonheur ou le malheur du receveur,
Chaque jour, les salariés battent le macadam pour qu'on t'augmente,
Les prix des denrées alimentaires augmentent, le prix d'essence augmente,
Le prix des médicaments augmente, tout augmente,
Mais toi jamais, tu es ingrat, hypocrite, malveillant, moqueur et sources
De tensions dans divers milieux socioprofessionnels,
Même le président ne dort plus, car son salaire ne suffit pas,
Le ministre des finances est troublé, car les syndicats
Le taclent à longueur de journée et il devient agressif,
Les policiers envoyés pour casser les mouvements de grèves et d'humeur,
Sont durs avec les frondeurs qu'ils gazent, piétinent, menacent et parfois
Tuent ou font disparaitre les plus menaçants et les plus tranchants,

Lors des grèves, des chaussures volent, des dents sont arrachées, des vélos cabossés,
Des voitures brûlées, des commerces vandalisés, des pneus sont brûlés
Sur l'asphalte, le gaz lacrymogène siffle, fume et fait couler des larmes,
Les banques sont le canal par excellence par lequel tu arrives au salarié,
Elles absorbent des agios et font des coupures bizarres,
Rendant le quotidien du travailleur plus pénible,
Il est déjà l'esclave des temps modernes et peut-être le restera,
Le bailleur lui pompe un air sale quand le loyer n'est pas versé à temps,
Les fondateurs d'établissements d'enseignement chassent les enfants
Pour des questions de scolarité ou de cotisations non payées,
Le salaire semble être le A et le O de la vie du travailleur, du fonctionnaire.

D'après Makaiboo Ousmane Somah

Maman

Ce mot sonne comme une berceuse,
Comme une invite à aimer le monde,
A l'adorer, à l'accepter et à le vivre,
Maman, tu es et reste ce canal par lequel,
Je suis venu dans ce monde,
Sans ton amour, je ne saurai m'aimer,
Aimer ce monde, aimer la biodiversité,
Tu m'as porté en toi des jours et des nuits,
Des mois entiers, de jour comme de nuit,
Tu n'as cessé de m'aimer et de me porter en toi,
Tu as su toujours guider la sève nourricière vers moi,
Et ce depuis des mois sans cesse jusqu'à ma naissance,
Ton lait a pris le relai et m'a donné de la consistance
En me transmettant toujours cet amour, cette affection qui
Restera et qui grandira sans mourir,
Tu as supporté des coups de la vie pour me protéger,
Maman, ce mot est un bouclier puissant me protégeant
Contre les regards méchants et destructeurs,
Aujourd'hui je suis un grand homme, un homme bien bâti,
Qui à son tour devrait te protéger des coups de la vie, des intempéries,
Te mettre à l'abri du besoin, de la faim et du manque,
Mais l'éloignement, le travail m'éloigne de cette femme,
Qui fut et reste mon premier amour,
L'argent ne pourra pas compenser mes absences, le temps perdu,
Je t'aime maman et de simples mots ne pourront
Témoigner de cet amour éternel et intarissable.

D'après Makaiboo Ousmane Somah

La démocratie

Des nuits noires ont endeuillée le monde,
Des innocents ont dû payer de leur vie,
Car ils étaient différents, agissaient différemment,
Pensaient différemment, se comportaient différemment,
Ceux qui ont osé critiquer cet état de fait,
Se sont exilés en abandonnant familles et amis,
En laissant patrimoine derrière eux,
Les orphelins pleurent, parmi eux, certains grandiront
Sans connaître père et mère, sans socle, sans racines,
On leur a tout pris au nom de la contestation, au nom
De la pensée unique, de la force sauvage et brute,
Les draps noirs se sont étalés sur les yeux,
Les voyants ont cessé de voir,
Ils se sont alignés devant la caisse pour prendre la soupe
Les billets de banque, honneurs éphémères, dividendes,
Au grand dam de la majorité aveugle, muette, déboussolée
Déflatée et laissée à elle-même,
La grande dite muette est devenue silencieusement bavarde
Avec un appétit gourmand pour le pouvoir,
Elle a perdu le sens du nord, transformant ainsi
L'armée en grand commerçant affairiste,
L'amenant à oublier ses missions régaliennes,
Pour suivre les intérêts et les perdiems,
Assassinant les têtes pensantes, isolant les esprits critiques,
Les bottes sont les ennemies de la plume,
Elles tentent chaque fois de la casser, de la brimer,
Fragile, mais forte, la plume essaye de tenir la barque,
Des intellectuels laissent leurs cupidités enfoncer
Leur dignité et leur honneur,
Leurs ventres sont devenus plus gros que leurs cerveaux,
Qui, depuis les indépendances, croupissent sous le poids de
Leurs ventres devenus gros et profonds,
Gourmandise pour gourmandise, ils ont

Bu le sang de ceux qu'ils étaient censés protéger
Avec des textes fiables et reflétant l'esprit de la nation,
Au contraire, ils ont rédigé un texte costaud,
Dont l'interprétation reste pour eux-mêmes difficiles,
La démocratie reste sur toutes les lèvres, mais
Reste un leurre pour la majeure partie des peuples
Livrés à eux-mêmes et pris dans
Un étau militaro-politique,
La démocratie aux couleurs tropicales ressemble
Plus à une dictature démocratique, macabre et morbide.

D'après Makaiboo Ousmane Somah

Burkinabè

Ce mot est plein de significations,
Plein de sens et d'interprétations,
Etre burkinabè ne signifie pas seulement
Etre drapé dans une tenue aux couleurs du
Drapeau national ou porter du Faso Danfani,
Etre burkinabè est un signe fort, un signe
Annonciateur de vertus et de comportements,
Etre ouvert au monde sans se complexer localement
Etre globalement posé sans être localement
Complexé et globalement perdu,
Etre burkinabè ne nourrit pas son homme,
Mais lui donne de l'essence pour avancer
Et accomplir sa mission quotidienne,
Etre Burkinabè ne signifie pas être insolent,
Fermé, bouché et accroché au passé,
Le passé fut présent et le présent sera passé
Tout comme le futur sera présent,
Le temps passe et le Burkinabè change,
Certains prônent un retour aux sources,
Tandis que d'autres le changement occidentalisant,
Le temps, ce mot ennemi de tous a forgé des
Consciences burkinabè: une putschiste et l'autre
Dite intègre. L'intégrité est devenue un flambeau
Pour mieux prendre pour prendre sans raison de
Prendre et pour le plaisir de prendre,
Chacun cache sous son Faso Danfani*,
Un ventre dont il ignore l'origine.

D'après Makaiboo Ousmane Somah
*vêtement traditionnel de cotonnade tissé par les tisserands burkinabè.

Bienvenue au Burkina Faso des Compaoré et associés

Et le coursier devient milliardaire,

Le planton, millionnaire,

Le cuisinier, millionnaire,

Le politicien, suiviste, suiveur milliardaire

Le ministre, hautain et sinistre,

Le militaire, abonné des sales besognes et aux enveloppes

Le secrétaire général, éhonté comme la queue d'un âne,

Le directeur des ressources humaines, arrogant comme un coq gaulois,

Le simple agent de bureau, espion avisé,

Le Paysan, pauvre comme un galérien romain,

L'enseignant, décoiffé et puant comme un cabri,

La ménagère perdue dans son panier vide,

L'étudiant, perdu dans ses par-cœurs et sans perspectives d'avenir,

L'élève, coupeur de routes, car le papier ne paie plus,

Les enfants au jardin, rêvant déjà de devenir présidents

La télévision, un canal de lavage de cerveau coupant le

Pays du monde réel, inventif et formateur,

Le chercheur ne cherchait plus, mais il se cherche,

Le commerçant, devenu un éternel geignard,

La dette diminue la taille du cerveau et le saoule,

Le petit rebelle profite du désordre et

Prend racines pour aller ensuite déraciner l'arbre

Sans sentiments et sans regrets

Voici le Burkina Faso de vingt-sept ans de pouvoir

Avec son régiment de narcotrafiquants

Terroriste et terrorisant les populations.

Ce Burkina Faso semble exister encore et continuera

D'exister si la veille citoyenne baisse

En laissant la place aux espèces sonnantes et trébuchantes.

D'après Makaiboo Ousmane Somah

De Splendide à Cappuccino

Que d'innocents tués, que de sang versé,
Que de vies banalisées, que d'âmes piétinées,
Que de barbaries humaines, que de sauvageries aveugles,
Le Splendide pleure ses morts et ne pourra pas être
Consolé par le Cappuccino qui lui aussi pleure les siens,
Le sang a formé un fleuve qui a coulé sur l'avenue
Des retrouvailles, des adieux, des embrassades,
Le copain pleure sa copine tombée,
La femme pleure son mari couché,
L'enfant crie à l'aide,
Le crépitement des armes lourdes suivis d'explosions sourdes
Couvre les lamentations des âmes meurtries et bafouées,
Le café au teint chocolaté a pris aujourd'hui un teint ensanglanté,
Les draps du Splendide qui enveloppent affectueusement et
Splendidement les hôtes sont devenus rouge-sang,
Les appels à l'aide restent sans issues,
Le mal frappe et continue de frapper
Avec l'objectif barbare de faire du mal pour le mal,
Rien que du mal conduisant dans les abysses,
La ville tombe dans l'émoi et l'effroi,
Les victimes jonchent le sol se vidant de leurs vies,
La mort se régale de tant de mondes innocents
Sauvagement abattus pour des raisons inconnues,
Des visiteurs trinquant avec leurs hôtes,
Discutent de la vie et des projets,
Les balles assassines viennent troubler l'ambiance,
En décimant les espoirs et des vies,
Les survivants sont marqués à vie,
Et ne trouveront jamais aucune explication rationnelle
À la folie meurtrière avide de sang frais et de vies,
Splendide avait logé des serpents venimeux,
Qui lui ont coupé l'appétit et le sommeil,
En allant renverser la tasse de Cappuccino du voisin
Braves citoyens du monde, braves victimes,
De Paris à Ouagadougou en passant par Bamako,
Maroua, Lagos et Nyamey, vous restez immortels,
Vous restez de vaillants citoyens du monde gravés
Dans les cœurs et vos âmes fortes crieront toujours en
Chœur avec les vivants: Non à la terreur, Oui à la Vie.

D'après Makaiboo Ousmane Somah

Le langage des insurgés

Ils semblent être muets, mais sont très actifs,
Ils donnent l'impression de ne pas surveiller,
Mais ils sont sur tous les fronts de veille,
Ils avaient baissé la garde et le CND*
A profité de cette mascarade pour vouloir
Détruire les espoirs des insurgés d'Octobre
Juste à l'orée des élections libres et transparentes,
Ce coup de pied au bas de la ceinture a ameuté
Tous les insurgés d'Octobre 2014,
Ceux-là mêmes qui s'étaient soulevés contre
La dictature d'une famille, contre l'imposture
Des frères d'hier devenus aujourd'hui ivoiriens,
La chute ne fut pas seulement politique et nationale,
Elle fut aussi sociale et internationale,
De Ziniaré en passant par le palais feutré de Kossyam,
Les frères d'hier disposaient sans égards du droit de vie
Et de mort sur les citoyens un peu réfléchis, un peu avertis,
Le slogan « plus rien ne sera comme avant » sonne partout
Et plane au-dessus de la tête des politiciens telle l'épée de Damoclès,
Ce slogan pourrait-il tenir la route ?
Peut-on faire du neuf avec du vieux?
Les insurgés dans leur majorité ont répondu par l'affirmative,
En votant les anciens compagnons d'hier du clan Compaoré,
La justice perd son latin dans pareilles mutations et le
Citoyen Lambda regarde vers le ciel pour implorer la clémence divine,
Quoiqu'il en soit, le ton donné depuis 2014 est révolutionnaire,
Insurrectionnel, réaliste, combattant et actif
Allant dans le sens de la justice, de l'équité et de la morale,
Afin que vive la patrie dans l'honneur et dans la paix.

D'après Makaiboo Ousmane Somah
*CND : Conseil National pour la Démocratie

De la Démocratie à la "Pyromanie"

La Démocratie n'est pas de la Pyromanie,
Aucune Démocratie n'aime le feu,
C'est pourquoi, toute démocratie ordonnée
Et disciplinée a des soldats du feu,
Pour circonscrire le feu et
Protéger les Personnes et les biens,
Brûler par les arguments, brûler par les idées
Brûler par le savoir, brûler par la vérité et
Non pour la vérité, car aucune Vérité
N'est éternelle et figée,
Qui brûle par le feu sera brûlé par le feu,
Je vous le dis en vérité que la pyromanie,
Est un handicap au développement,
La pyromanie est l'argument des lâches
Et des désœuvrés sans arguments,
Bannissons le feu de la politique et acceptons
L'amour et le dialogue qui sont
Constructifs à la démagogie et à l'indiscipline!
Un pays ne se construit pas avec du feu,
Mais avec l'amour qui se trouve dans l'eau,
Car c'est par amour que l'eau héberge le poisson
Et ne le trahit que sous influence
Étrangère et intruse de l'homme.

D'après Makaiboo Ousmane Somah

Allons seulement

Ils ont décidé d'aller seulement sans
Destination fixe, sans repères, sans appui,
Il faut aller pour aller seulement sans sourciller
De là où on poussait les pieds, sans faire attention,
Aller pour aller sans destination est suicidaire et mortel,
Beaucoup de camarades sont allés, sans faire attention,
Pour chaque pas qu'ils faisaient dans leur logique de départ,
Les forces du mal en faisaient dix,
Chaque centimètre de terrain libéré était aussi conquis
Par les forces obscures et malveillantes
Pour de bon et façon durable avec la seule logique,
De faire de la restauration, de rétablir l'ancien système,
Ce système qui les avait rendus riches, insolents, vulgaires,
Ingrats, perdus, orgueilleux et têtus,
Ennemies de la démocratie et des droits de l'Homme,
Les forces obscures avaient aussi leur apogée avant de
Devenir obsolètes, dérangeantes et machiavéliques,
La restauration était l'unique recours pour reprendre de la
Main, ce qui leur échappait lentement et sûrement,
Elles observaient les différentes querelles des combattants
De la liberté et s'arrogeaient le droit de noter les failles,
Tels des lézards prêts à s'incruster dans la faille du mur,
Elles observaient et se réjouissaient énormément de la division
De ceux-là qui à certain moment de l'histoire s'étaient coalisés
Pour chasser le puissant souverain,
Celui-là même qui les avait rendus riches et insolents,
Chaque conjugaison du verbe aller était signe d'occupation
Spatiale et chaque fois que l'adverbe seulement s'adjoint
Au verbe, les forces du mal se réjouissaient davantage,
Jusqu'au coup de force de l'automne,
Qui semait mort et désolation au sein des partants,
Qui sans plus tarder, resserrèrent les rangs pour
Echapper au départ avec un ticket sens unique
Au royaume des ombres et du froid mortel,
La division profite toujours à l'ennemi,
L'union sera toujours une solution durable
Face au mal et à l'adversité,
Aller est comme avancer,
Il est bien, mais attention à là, où l'on pose les pieds.
D'après Makaiboo Ousmane Somah

Sombre tunnel

Un vent torride soufflait à une vitesse
Folle balayant tout sur son passage,
Vociférant sa colère sur cette nature
En perdition, sur ce monde incomplet,
Coincé entre la production et la reproduction
Faisant des hommes des prisonniers de leurs
Propres machinations et imaginations,
L'imagination humaine reste assujettie à la
Nature, qui indirectement dicte ses lois
Maintenant ainsi tous dans une prison sans
Murs, une prison existentielle sans substance,
Devant laquelle la religion passe à la guillotine
Sous la lame tranchante de la cupidité, de l'argent,
Des honneurs éphémères et mécréants,
L'hypocrisie se rit de la morale et de la bienséance,
Les bourrasques du vent, comme un signe
Annonciateur, dessinaient un avenir incertain
Pour des êtres têtus appelés humains
En quête incessante de gloire et de destruction,
La forêt se meurt au passage de l'humain,
La fleur fane à son simple toucher,
L'eau de la rivière devient incomestible à son
Simple regard et les cimetières bossus
A travers ses faits et gestes
Plus la perdition grandit avec des retombées
Economiques conséquentes pour un monde
Inconséquent, plus le sombre tunnel s'élargit
Pour mieux engloutir des vies à travers des
Glissements de terrain, des pollutions marines,
Des guerres inutiles, des pays en dislocation,
Des familles en émiettement, des couples en
Divorce, des enfants abandonnés, des suicides
Individuels, collectifs, arrangés,
Plus le désespoir grandit, plus le vent est fort
Et plus le tunnel s'assombrit davantage.

D'après Makaiboo Ousmane Somah

La diplomatie

Chemin tortueux et périlleux,
Voie insondable et invisible,
Mesquineries inter-républicaines,
Hypocrites et vantardes,
Mascarade au cours de laquelle,
Chacun va avec ses propres cartes,
Pour un jeu qui se veut ouvert et franc,
Jeu dans lequel chaque parti présent
Cache un gourdin ou un coutelas,
Prêt à en découdre avec l'autre,
La diplomatie, ce sont les coulisses
Invisibles, sombres dans lesquelles
Se perd le latin et où le lapin
N'ose point s'aventurer,
Les morts des placards peuvent attendre,
Tandis que les assassins fument le hachich
En buvant du vin dans le crâne de leurs victimes
Au grand dam de la justice et de l'équité,
La diplomatie n'est pas faite pour les petites gens,
Mais pour la classe dite élitaire et indispensable,
Mort pour la nation, une médaille rouillée
Est déposée sur votre cercueil
Avec des gerbes de fleurs bon marché
Posés sur votre tombe
La fanfare militaire retentit et amplifie
La douleur des familles qui ne verront plus
Les siens morts par balle loin de la diplomatie,
Les voleurs de poulets attendent dans les cellules,
Que la diplomatie de la justice ne vienne les
Libérer de l'injustice des geôles,
Pour rejoindre dans la diplomatie, leurs familles
Perdues de vue depuis des lustres,
Diplomatiquement, libérez les prisonniers
Politiques et prenez les délinquants au col blanc.

D'après Makaiboo Ousmane Somah

Le noir

Pourquoi quand quelqu'un ruine une colère forte,
On dit qu'il a des idées noires,
Pourquoi lors de la guerre d'Algérie,
Certains étaient appelés pieds noirs,
Pourquoi, dans le contexte africain,
On dit qu'un tel ou un tel autre a un cœur noir,
Pourquoi en Allemagne, quand tu voyages
Dans les transports en commun sans titre de
Transport, on dit schwarz fahren
Traduit mot à mot, cela signifie „voyager noir",
De même, quand on travaille sans titre de travail,
On appelle cela schwarz arbeiten,
«Travailler au noir» comme si le noir
En tant que couleur sonne la désolation,
La misère, la déroute, la débâcle,
Lorsque Napoléon Bonaparte se rendait
A Waterloo pour la bataille décisive contre
Les monarchies européennes, un chat noir,
Dit-on aurait traversé sa route
Et le doute s'installa chez ses généraux,
Qui perdirent la bataille,
Et broya du noir dans une cellule sur l'île de Sainte Hélène
Noir comme les ténèbres,
Noir, comme le deuil,
S'opposant au blanc, noir-blanc,
Blanc-noir, la couleur devient un enjeu
Politique, économique, social,
Il ne fait pas bon de penser noir,
Il ne fait pas bon d'être noir dans le comportement,
Noir dans le style langagier,
Noir, sujet de toutes les exploitations vulgaires,
Barbares, sauvages, justifiées,
Même si la place est noire de monde,
Arrêtons de tout peindre en noir.

D'après Makaiboo Ousmane Somah

SN-Sosuco

Oh, sucrerie de sucre pur,
Meurs de ta belle mort et fais-le
Dans le silence sans irriter,
Suicide-toi sans bruits,
Tes ennemis sont en ton sein
Et comme des parasites ayant infecté
Un corps sain, ils sont entrain
De sucer ta sève, ton sang,
Tes forces, ta substance,
Tu es et restes le pourvoyeur d'avenir,
D'espoirs pour de nombreuses familles,
De nombreux villages et chefs de familles,
Les parasites t'ont infecté la tête,
Le ventre, les muscles et le cerveau,
Les médecins t'ont prescrit une ordonnance
Et le remède se nomme service marketing,
Suppression de la sous-traitance et le
Changement de direction,
Mais tu es têtue et tu refuses
De prendre tes comprimés pour te
Libérer de tes parasites devenus
Encombrants, mortels...
Tu aimes apparemment te faire torturer
Et te laisser mourir,
Crois-tu qu'on verra en toi un martyr?
Les GMB* t'ont précédé dans la mort,
Banfora croit encore que le messie
Viendra pour te sauver de ces monstres
Que tu couves et que tu adores,
Ta mort aura des conséquences désastreuses
Pour l'économie, le social et le politique,
Aucune promesse politique ne te libérera,
Car on ne libère pas,

On se libère,
Si l'envie de mourir te prend toujours,
Pense aux nombreuses familles, au désastre,
Qui naitra après toi,
Tes orphelins ne trouveront jamais la consolation
Requise et ton âme ne pourra pas dormir en paix,
Si tu fermes, la délinquance ouvrira les
Portes de l'enfer et de la perdition,
Réfléchis avant de mourir.

D'après Makaiboo Ousmane Somah
*GMB : Ex-Grands Moulins du Burkina situés à Banfora.

Les comploteurs

Des murmures au téléphone,
Des gestes de la main,
Le regard ferme et la mine patibulaire,
La scène se passe dans un lieu banal,
Avec de hautes personnalités avides de
Sang, de complots et de postes,
Le mal est dans la peau et le
Démon de la déstabilisation les pousse
Au mal, à la perdition et aux fins calculs
Les sociétés de télécommunication semblent
Etre des complices de la manipulation,
De la conspiration et de la trahison,
Les services de renseignements se débrouillent avec
De vieux matériels, dont le fabricant lui-même ne se rappelle plus,
Le complot réussit toujours grâce à des complices tapis dans l'ombre,
Sans eux pas de complot, sans eux, rien ne va,
Ils sont dans tous les compartiments de la société
Avec pour seul leitmotiv, la prise du pouvoir par la
Violence, dans la barbarie et dans le sang,
Patrick Lumumba, Thomas Sankara, Amilcar Cabral, Modibo Keita,
Kwamé Nkrumah… autant de beaux sangs versés inutilement
Et remplacés par des sangs destructeurs à la solde de l'impérialisme,
De la division, de la déstabilisation, des assassinats, de la folie et des excès,
Eternels abonnés au syndicat du crime et de la manipulation,
Ils sont dans toutes les couches sociales,
Fanatique de Machiavel et de Satan, ils osent
Défier Dieu en détruisant ses créatures en foulant
Aux pieds les règles élémentaires de la vie en société
Les murmures au téléphone,
Les échanges de SMS et de mails codés,
Font partir du cours normal de la vie,
Qui parfois contribuent au développement négatif
Noyant des vies et faisant des otages.

D'après Makaiboo Ousmane Somah

Le cercle vicieux

Doué de raison, déraisonné, l'Humain a
Fini d'installer le doute sur sa raison,
Sur sa raison d'être, sur ses passions,
Sur sa capacité à établir un équilibre,
Des guerres barbares, aux isolements de masse,
Des cimetières ne désemplissent plus,
L'autodestruction n'a donc pas de fin,
L'animal dans la prairie se moque de l'Humain,
De cet être dit parfait, raisonnable et juste,
Il est à la fois les deux extrémités, bon et mauvais,
Il ne connaît pas le juste milieu,
Très inventif dans le mal et moins solidaire dans le bien,
Vantard de ses biens et possessions,
Il oublie les ténèbres, qui enveloppent lentement sa vie
Sans conditions et sans marchandages
Diplomatiques, politiques, économiques,
L'autodestruction a atteint son summum avec
La course aux armements et à la richesse,
Des pays tombent dans la déliquescence et
La pensée unique semble être le tunnel dans
Lequel, tout le monde semble être mis pour
Une perte, une mort, destruction collective!

D'après Makaiboo Ousmane Somah

L'oiseau de mauvais augure

Cet oiseau refuse de s'envoler,
D'aller au-delà des libertés et des anxiétés,
Il a décidé de rester dans son fief,
Sous la garde maternelle, refusant
La grandeur et l'élévation,
Il a tout eu et on lui a tout donné,
Il a aussi pris par la force des vies,
Des espoirs, des rêves, des avenirs,
Il a fabriqué des veufs, des veuves, des orphelins,
Il a élargi le champ sémantique de la mort,
En donnant à celui-ci plus d'emprise sur la vie,
Plus de droits sur le devenir humain,
Il a créé des prisons sans murs,
Des cimetières bossus comme le dos du chameau,
Loin des hameaux et des eaux
Dormantes, il a contribué à l'installation
D'une double colonisation mentale avec
L'aide de ses sbires et de ses anges de la mort,
La mort se réjouit de l'entendre, de le voir et
De le caresser, de le chérir et de l'embrasser,
Satan, le diable des ténèbres se frotte les mains
Au passage de son cortège,
Cet oiseau de mort et des abysses
Aime le funeste et les charognes,
Il aime le sang et du sang jeune et frais,
Il s'en abreuve tous les jours,
De la chair humaine, il en raffole,
Il est la cause de nombreuses morts suspectes,
Il a son nid dans les palais présidentiels,
Dans la politique, le social, l'économie,
Dans la presse, tâchant ainsi chaque mot de sang,
De mort, de chutes, d'accidents, de quiproquos,
De barbarie, de honte et de moisissures morbides,
Cet oiseau de mauvais augure porte un nom
Selon le pays et le contexte,
Il s'adapte bien et se tropicalise.

D'après Makaiboo Ousmane Somah

Facebook

Il poste, je poste,
Il aime, je like,
Il partage, je partage,
Un monde fou, un marché de fous,
Le seul coin, où toute la société converse,
Les petits côtoient les grands et
Les grands, les petits,
Chacun bat sa campagne et fait
Son show en surface,
Mais en inbox, ce sont
Des coups bas et fourrés, des coups
En dessous de la ceinture,
Chacun se plaît dans la collection
D'hypocrites, excusez-moi, d'amis,
Beaucoup le savent et le reconnaissent
D'ailleurs et parlent d'amis virtuels,
De copines virtuelles,
Les posts inondent la toile,
Jusqu'à ce qu'un matin,
Un arrête de poster et les autres se ruent
Sur son mur, sur son terrain virtuel,
Chacun part pour y poster un RIP*,
Des adieux, de la compassion à bon marché,
Ici c'est mon mur, je dis ce que je veux,
Chacun est devenu star et bloque
Qui bon lui semble,
L'individualisme s'accentue et se frotte les mains,
Des Informations top secrètes sont
Déversées sur la toile pour le bonheur
Du big brother qui en tire un avantage
Colossal, immense et profite
De cet avantage dans tous les domaines,
Et après on s'étonne que les choses ne
Roulent pas comme il le faut,
A chacun alors son Facebook et ses problèmes.

D'après Makaiboo Ousmane Somah
*RIP : Rest in Peace (Repose en paix)

La transition et la transmission

Ils tombèrent comme des fruits mûrs,
Après avoir fait tomber eux-mêmes
Les amis d'une révolution d'espoirs,
Ils étaient arrogants, riches et puissants,
Ils n'avaient peur de personne et osaient
Même défier le créateur en prenant la
Vie de ses créatures sacrées et vertueuses,
Ils se flattèrent comme le renard le fit avec
Le corbeau dans les fables de la Fontaine
Pour lui voler son fromage et partir,
Comme le jour finit toujours par se lever
Quelque soit la durée de la nuit,
La révolte des exploités éclata et balaya
La férule humiliante et exploitatrice,
La révolte procura au peuple jadis taxé de
Peuple mouton, une liberté relative,
Qui fut prise en otage par des
Syphocantes grabataires, ennemis du bonheur, de la
Joie collective, partisans ardents de L'égoïsme à
Outrance, forces du mal, leur égoïsme consomma
Des jeunes vies, bouscula la Transition et ses assises
Démocratiques, ses espoirs, ses rêves,
Les révoltés d'Octobre divisés juste après
La chute de l'homme fort, firent des Compromis
Colossaux au nom de la liberté
Et la Démocratie et de la République Parasitée
Par un certain Conseil National pour la Démocratie
Ayant des ramifications locales, globales,
Nationales, Internationales, institutionnelles,
Le peuple révolté essaya de maintenir la Barque Nationale
Malgré les tumultes des eaux douteuses, froides, tueuses, profondes
Les usurpations de tout genre naquirent et
Donnèrent à la Transition un goût amer de
Non-achevé, des marchandages de tout
Genre, la politisation des acteurs de la
Société dite civile alla de façon démesurée
Et sera sûrement la prochaine épine à ôter
Des pieds de la République malade sur tous
Les plans et à tous les niveaux
Des Lieutenants se métamorphosent en
Généraux et le gré à gré festoie sur les

Restes consumant de la République
Le Naba devint plus puissant que jadis
Au détriment de la Démocratie libérale
Donnant l'impression d'une monarchie
Dictato-monarchico-démocratique,
Le chaos aimant le flou rigole et appelle
La chienlit qui s'accorde les services de
L'incivisme et de la mésentente pour
Ruiner les efforts d'édification entreprise
La masse regarde de façon désemparée
Les politiques se comporter comme des
Gamins se battant pour garder les jouets
Dans une aire de jeu peuplée de requins
Croqueurs et avaleurs de vies
Le jeu théâtral a enfin changé de main
À travers une transmission à ceux d'hier
Pour bâtir aujourd'hui et demain,
Si le bon sens prenait le pas sur les Emotions
Et la veille citoyenne le pas sur les
Querelles de cabarets, peut-être
Que l'espoir serait permis pour tous,
Chacun devrait, sans hypocrisie aucune
Se sentir interpeler pour bâtir la patrie
Sans atteindre une quelque quincaillerie
De remerciements et de reconnaissance
La politique utile sera le nouveau concept,
Afin d'éviter les pertes économiques!
Semer le sens de la patrie et développer le
Civisme politique et comportemental
Feront du Burkina Faso un modèle africain.

D'après Makaiboo Ousmane Somah

La tactique du voleur dévoilée

Ils volent et continuent de voler
Et personne ne leur dit mot
Ils pillent et continuent de piller
Et personne ne les a une fois enviés
Ils prennent nos femmes mariées et nos filles
Mineures, personne n'a bronché
Ils envoient leurs fils et filles dans les universités
Étrangères aux frais du contribuable et des aides
Au développement, personne n'a pipé mot
Ils vont se soigner à l'extérieur aux frais du contribuable,
Personne n'en parle,
Ils assassinent les têtes pensantes qui peuvent gêner
Leurs détournements, leurs déjeuners
Leurs femmes font manucure-pédicure à Paris
Tandis que leurs belles-mères se partagent les parcelles
Du peuple et personne ne bronche,
Ils ont acheté tous les jeunes corrompus qui
Font leurs sales boulots sur le net et dans les rues,
Ils ont décidé de saboter l'école pour avoir le monopole de
La pensée et de formater les enfants des pauvres en
Faisant croire que la pauvreté est un karma,
Ils ont monopolisé la télé et la radio comme aux temps des
Nazis pour mieux embrigader les esprits faibles
Ils ont fait des pensées des panses profondes et insatiables
Ils ont assassiné la justice et la morale,
Les bonnes mœurs ont migré ailleurs et
Ont peur de sortir au grand jour
Ils ont pris en otage la presse
Et ont donné en échange la paresse
Comme comportement journalistique
Ils ont partagé le pays du nord au sud
En politisant l'administration et laissant
L'administré à son propre compte,
Personne n'a bronché,
Ils inventent davantage de coups bas
Et de mensonges pour mourir au pouvoir,
Ils excellent dans la séquestration
Physique et morale, ils sont riches comme Crésus,
Mais pauvres dans la tête comme un nègre de maison,
Ils ont plus peur des nègres des champs, champions
Des révoltes et revendicateurs de droits,

Ils ont fait de leurs droits des devoirs et de leurs
Devoirs des prétextes pour mieux spolier
Ils viennent au bureau à onze heures et repartent
À douze heures quinze pour ne revenir que le lendemain,
Ils veulent se substituer à Dieu et voir Satan en
Tous ceux qui s'opposent à eux
Maintenant, ils veulent brûler le pays, en convoquant un référendum,
Pour déifier leur champion, car devenus
Riches et arrogants, ils ne voient aucun obstacle,
Pouvant leur barrer la voie
Ils ont même fabriqué des caméléons d'une espèce dangereuse
Aux yeux gluants et prêts à vendre père et mère pour leur panse,
Ils ont en face d'eux une jeunesse qui ne s'abreuvent plus de leur télé
De leur radio, de leur presse et de leur luxe,
Mais ils ont en face d'eux une jeunesse iconoclaste, une jeunesse Patrick
Lumumba, une Jeunesse Thomas Sankara, une jeunesse Nelson Mandela,
Une jeunesse Steeve Bicko, une jeunesse Sékou Touré,
Une jeunesse Charles de Gaulle...Une jeunesse qui sait enfin dire:
La Patrie ou la mort, nous vaincrons.

D'après Makaiboo Ousmane Somah

Le faux tripatouilleur de constitution

Aucun vice n'est beau mais le plus laid de tous,
C'est de vouloir modifier la constitution pour son intérêt personnel
Tripatouilleurs, point de pitié pour vous.
« Quoi? Sommes-nous déjà en 20…?
Quitter le pouvoir ne me tente pas,
Au lieu de me laisser faire,
Je vais user de tromperie »…
Comme le Président parlait ainsi
Le Peuple entra. «Mon cher Peuple,
Si tu savais comment je me suis enrichi
Epargner en Suisse, en France, envoyer de l'argent
Dans des Djembés…et partout ! Tiens, voici la
Constitution, laisse-moi faire un linga* pour finir mes chantiers
Holà! Que je veux rester encore au pouvoir!»
Le Peuple tout d'abord pâlit:
« Mon pauvre Président, il faut partir à la retraite.
A soixante-quatre ans, la retraite est plus qu'assurée
Cela tombe bien mal, nous sommes en 20…
Et vous êtes au pouvoir depuis 1987
Regardez Alpha Oumar Konaré, John Rawlings
Et bien d'autres ont eu une sortie honorable
Comment donc, Mon Peuple, sommes-nous en 20…?
Peuple, je veux néanmoins tenter cette entreprise
Suicidaire pour rester au pouvoir,
Un référendum sera le bienvenu!
Quoi ? S'écria le Peuple consterné
Eh bien moi, je m'en tiens à mon premier système, rétorqua le peuple :
Quitte le pouvoir à l'instant même, pauvre Tripatouilleur »
Et le Peuple le fit quitter le pouvoir en plein midi.

D'après Makaiboo Ousmane Somah
*Linga : Expression dérivée du Bambara signifiant ajout et est beaucoup utilisée dans le marché des produits vivriers. Si vous achetez du mais ou du riz, vous pouvez demander du linga. Dans le domaine politique, il signifie rebelote.

L'imbécile heureux

Un accident de l'histoire s'est produit,
Un pauvre homme, paumé et enduit
De misère, maigrichon et anémié
Arrive à profiter des failles du système
Pour l'intégrer et se faire une place au soleil,
De la vie de galérien à celle des salons feutrés,
La folie des grandeurs et la démesure prennent
Le pas sur la raison et la sagesse,
La misère endort l'esprit et le formate
Dangereusement et sauvagement,
Un galérien sans foi au perchoir peut devenir un
Assassin froid sans état d'âme,
Il peut cacher le vandale, le voyou et l'imbécile,
Et déshonorera tout ce qu'il touchera,
Il osera tergiverser avec l'histoire pour créer
D'autres accidents, afin d'en profiter,
Il oublie une et une seule chose,
Les accidents se suivent, mais ne se ressemblent
Pas, tout comme les contextes et les mobiles.
Les peuples se côtoient, mais ne se ressemblent
Pas, ni sur le plan culturel, ni sur celui comportemental,
Le respect de la dignité ne se négocie pas,
Tout comme l'immunité ne protège,
Ni de la justice, ni de la vindicte populaire,
On est courageux de s'attaquer à un lion,
Mais bête de s'attaquer à un peuple de façon
Individuelle et effrontée, car cela
Entraîne toujours une descente aux enfers.

D'après Makaiboo Ousmane Somah

Être jeune

Être jeune n'est pas un drapeau,
Qu'on porte haut pour crier haut
Et fort sa jeunesse et sa paresse,
Jeunesse ne doit pas rimer avec paresse,
Elle doit être le socle de la créativité,
Loin de l'oisiveté, du vol et du mensonge,
Jeune aujourd'hui, vieux demain,
Le temps passe vite et devenir vieux ne
Fait aucunement mal,
Le temps lèche la peau et les cheveux,
Apportant des rides sur le visage et des cheveux
Grisonnants sur la tête, signes de dégénérescence du
Cerveau et des méninges ne permettant pas une réflexion
Positive, participative, réfléchie, constructive,
Être jeune, c'est faire usage utile et citoyen de
Son cerveau dans le présent pour construire le futur,
User son cerveau pour la bonne cause et dans le bon
Sens, dans la bonne direction en prenant en compte
Le temps comme allié, comme compagnon,
Ce compagnon bouffeur de vie,
Qui a le pouvoir de transformer le présent en passé,
Le passé en histoire et le futur en présent,
Être jeune, c'est user son cerveau et son corps
Positivement loin de la drogue, de l'alcool et de la cigarette,
Des vices pour préparer un futur sain et serein
À l'abri du besoin, des médisances et de la jalousie,
Être jeune, c'est arrêter ses jérémiades et quitter à temps
Le nid familial pour se responsabiliser et se rendre utile
À sa famille et à sa patrie,
Être jeune, n'est pas un alibi pour fuir
Ses responsabilités ou vivre aux frais des autres.

D'après Makaiboo Ousmane Somah

L'incivisme

Installons-nous de façon anarchique,
Créons le chaos, la chienlit,
L'essentiel, c'est l'argent qui compte,
Nous l'aurons, cet argent,
Nos problèmes sont costauds,
On n'a plus peur de la police,
De la gendarmerie, de la BAC*,
Le plus important, c'est l'argent,
Même s'il faut arracher les panneaux de
Signalisations et les vendre à la ferraille,
Les gens sauront circuler,
Sinon, tant pis pour eux,
Que quelqu'un meure ou pas,
Cela ne me regarde pas, je veux,
Je cherche les sous,
Nous circulons comme nous le voulons,
Peu importe, c'est l'état qui souffre,
Pourvu que nous arrivions, les autres
Se débrouillerons comme ils peuvent,
Je m'en fous, tu t'en fous, il s'en fout,
Nous nous en foutons et vous?
L'incivisme aura raison de nous tous,
Il est comme quelqu'un qui scie
La branche sur laquelle, il est assis
Essayons le civisme, il coûte moins cher!

D'après Makaiboo Ousmane Somah
*BAC: Brigade Anti-Criminalité

Le logiciel de la destruction

Ce logiciel est une spécialité maison,
Il n'est ni vendu, ni achetable,
Il n'est pas sur support,
Et pourtant, il est là,
Mauvais et contagieux comme la peste,
Un logiciel du mal, de la destruction,
De la vengeance et de la mort,
Il est dans l'Homme noir, dans le Burkinabè,
Ce logiciel s'installe seul dans le cerveau
Tel un virus, un cheval de Troyes,
Qu'aucun antivirus n'oserait combattre,
Les fabricants de ce mal sont des
Adultes responsables, partisans du passé,
De la restauration, destructeurs de Présent,
Négationnistes du passé et corrupteurs du Futur,
Ils ne s'aiment qu'eux-mêmes et ont
Un slogan qui ne change pas tout comme
Le logiciel comportemental et caractériel
Enfoui en eux et dans cette masse pâteuse qu'on
Nomme cerveau,
Un cerveau corrompu devient une cervelle
Posée sur deux pieds pour donner un
Humain vide, inconsistant, haineux,
Grincheux, malchanceux et paresseux,
Le logiciel de la destruction n'est pas
Sur le marché, mais il peut être contracté
Tel un mal pernicieux et irrévérencieux,
Ce logiciel commande à son support
De détruire tout ce qui peut faire
Le bonheur collectif et individuel,
Il pousse son porteur à la faute avec
Cette phrase: «je ne suis pas dedans. Il faut que ça brûle»
Ce logiciel existe chez les politiques,

Les non-politiques, les intellectuels,
Les badauds, les paysans, aussi
Les fonctionnaires et les déchus du pouvoir,
Le logiciel s'installe seul chez l'Homme qui
Est brusquement sevré de pouvoir, d'honneurs,
De prestiges, de gloire, de lait, de...
Ce logiciel de destruction excite bel et bien,
Il pousse ses supports à naviguer à contrecourant
De l'histoire en attachant éternellement leur égo
À un mortel visiblement perdu et désorienté.

D'après Makaiboo Ousmane Somah

Je t'aime!

Sache-le à vie
Et demeure sans inquiétudes,
Tu es pour moi une bonne
Raison de vivre et de lutter,
Je t'aime ma chérie et
Paré de cet amour comme une armure,
Mêmes les flammes les plus ardentes
Ne me feront pas reculer,
Tu es magnifique, toujours
Belle, toujours ravissante et pleine d'énergies,
Ton courage et ton amour pour ma petite
Personne, sont ma sève quotidienne
Et mon énergie pour avancer,
Un jour, Dieu le Père, me donnera encore plus de forces
Pour te chérir davantage, t'aduler, t'aimer plus,
L'amour n'est point un crime, mais
Une autre manière de magnifier la Femme que tu es,
Je t'aime et je t'aimerai, je n'ai pas honte
Ni peur de te le dire, je t'aime et je t'aimerai toujours
Mon amour pour toi est vrai et sincère,
Et même la distance ne saurait éteindre cette flamme,
Car je tiens, tiens bon et continue de tenir,
Ce qui peut tuer l'amour est
Le manque réel de communication,
L'essai d'étouffer l'amour,
Le tue pour toujours,
Je t'aimais, je t'aime et je t'aimerai,
Tout ce que je sais, c'est que je t'aime,
Et je ne saurai t'expliquer pourquoi je t'aime,
Je t'aime, donc je vis.

D'après Makaiboo Ousmane Somah

FSC
www.fsc.org
MIX
Papier aus ver-
antwortungsvollen
Quellen
Paper from
responsible sources
FSC® C105338